T0150075

Milk & Cheese

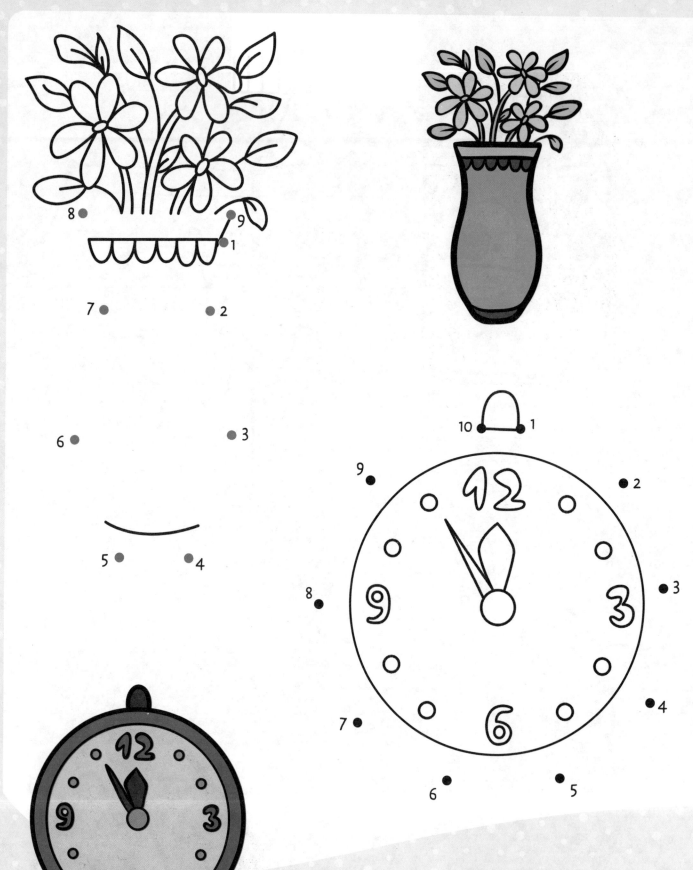

Vase & Clock

Ketchup & Juice

Iron & Shorts

Slippers & Glove

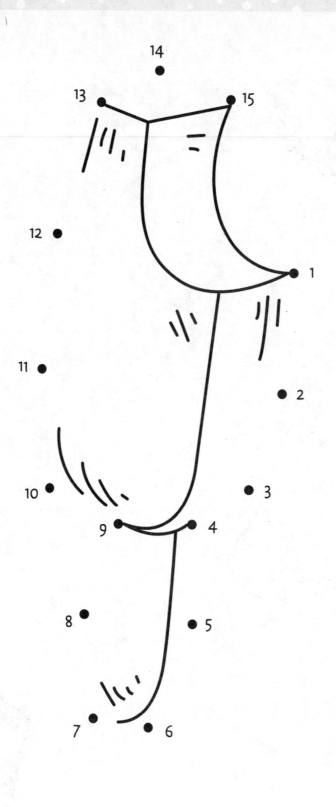

14

13   15

12

1

11

2

10   3

9   4

8   5

7   6

Ice Cream

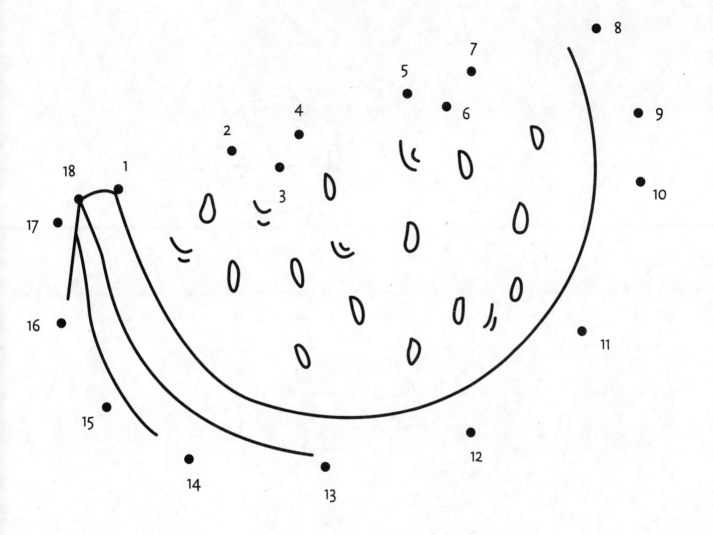

8

7

5

6

4

9

2

3

10

18 1

17

16

11

15

12

14

13

Watermelon

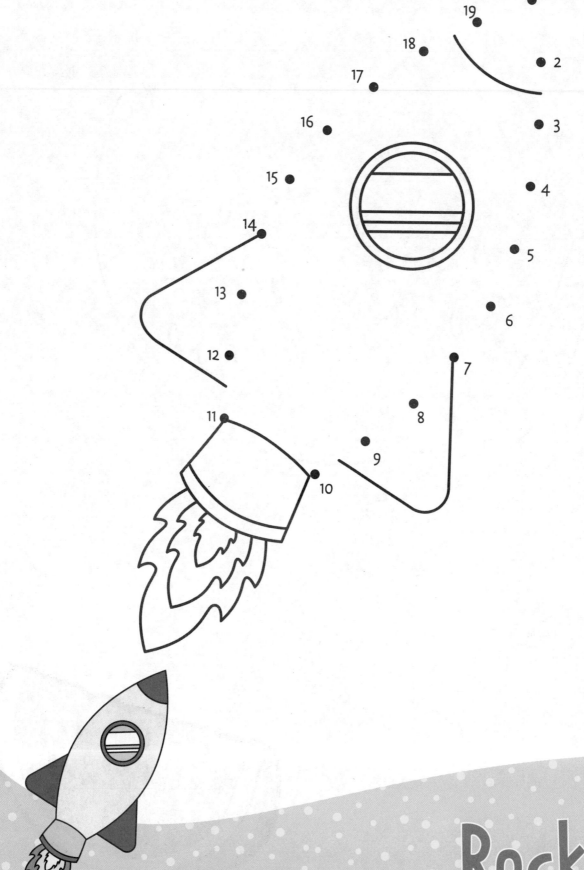

Rocket

Earth

12
13
11
14
17
10
16
18
9
15
19
20
8
1
2
7
3
6
4
5

Tomato

Pear

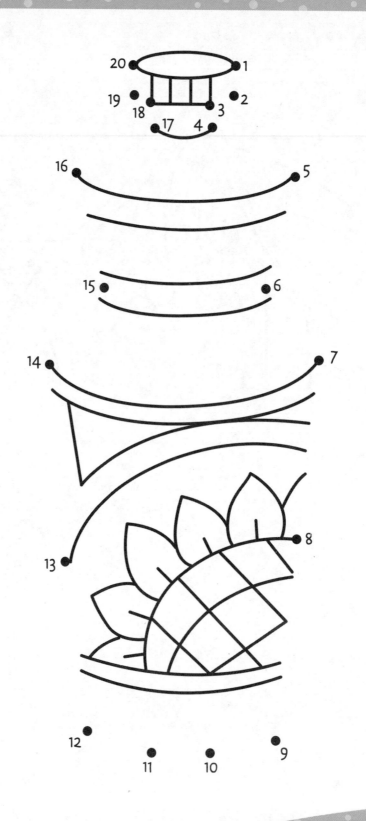

Bottle

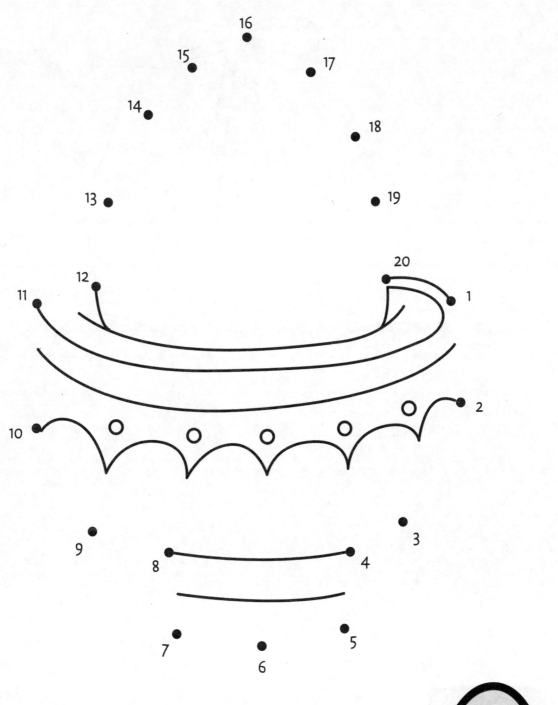

16

15

17

14

13

18

19

12 20

11 1

2

10

9 3

8 4

7 5

6

Egg Cup

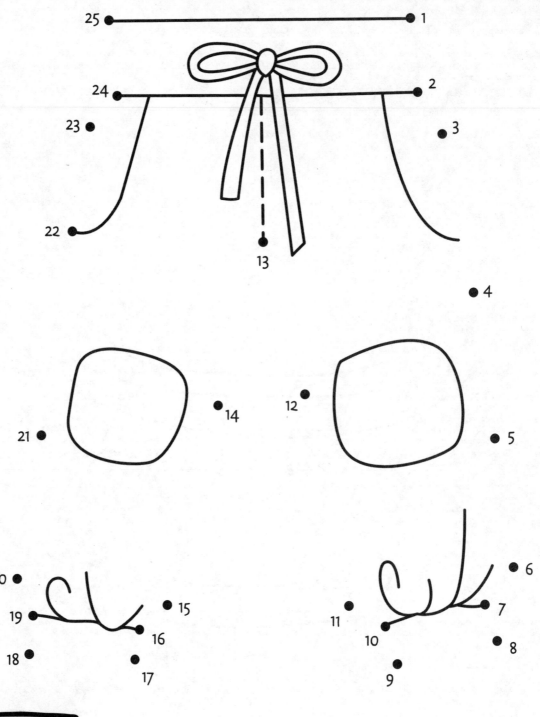

25 •————————————————————• 1

24 •————————————————————• 2

23 •

22 •

13 •

• 4

21 •   •14   12 •   • 5

20 •   •15
19 •   •16
18 •   •17
                11 •   • 6
                10 •   • 7
                 9 •   • 8

Pajamas

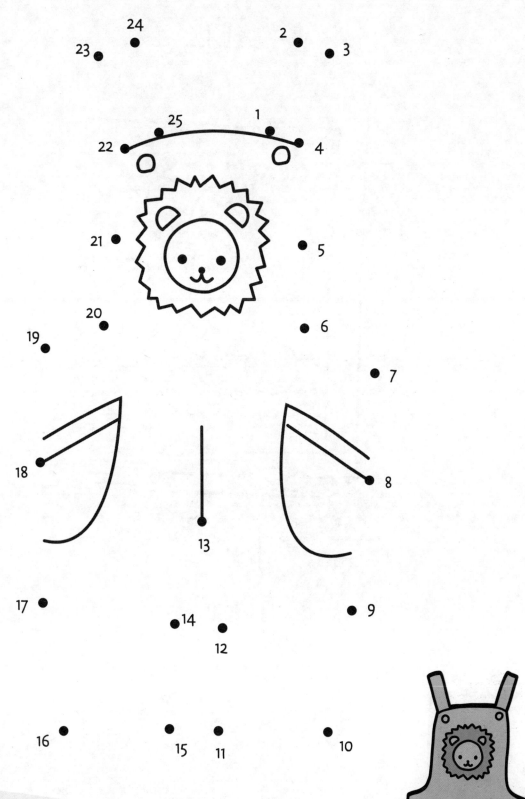

24
23
2   3

25   1
22   4

21   5

20   6

19   7

18   8

13

17   9

14
12

16   15 11   10

Dungarees

1
20
2
3
19
4
18
5
17
6
16
7
13
12
11
8
10
9
15
14

EaseL

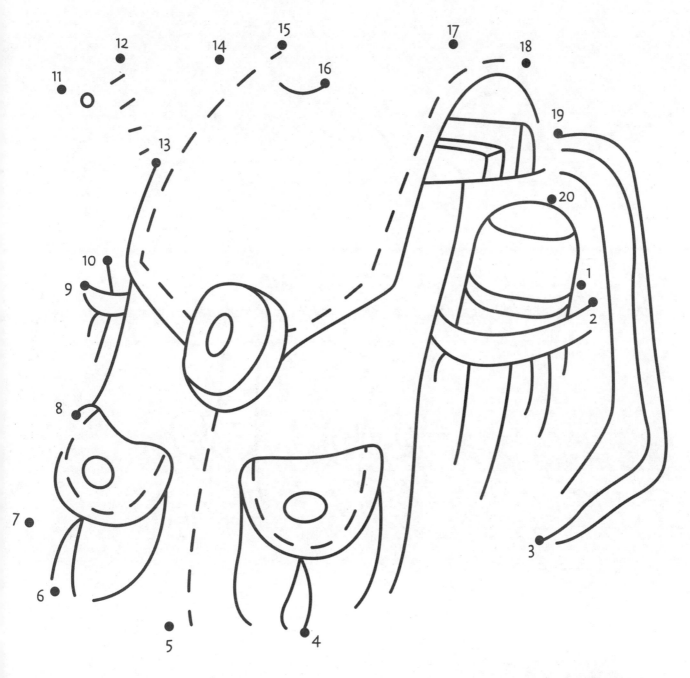

Bag

Elephant Calf

Sheep

Leaf

Angel

Duckling

Lion

Kakapo

Kookaburra

Cub

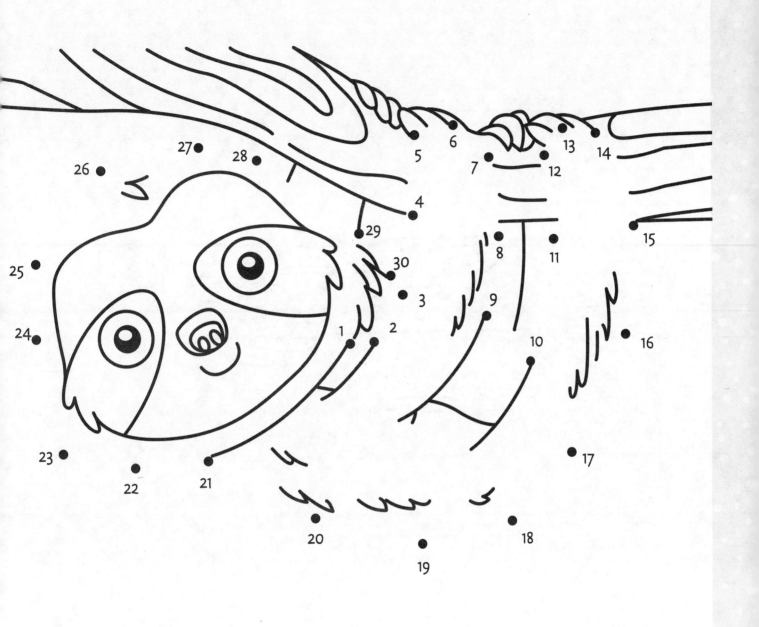

Sloth

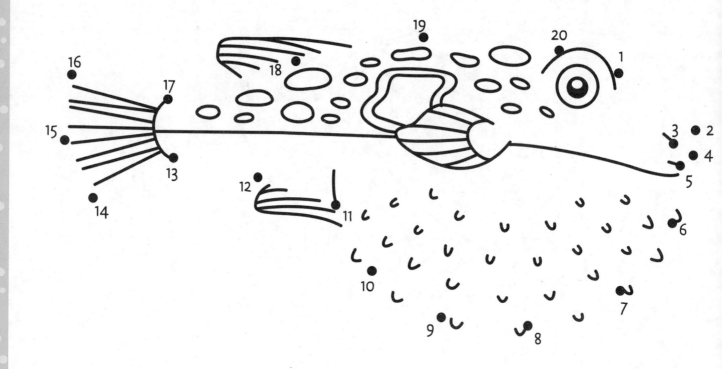

Fish

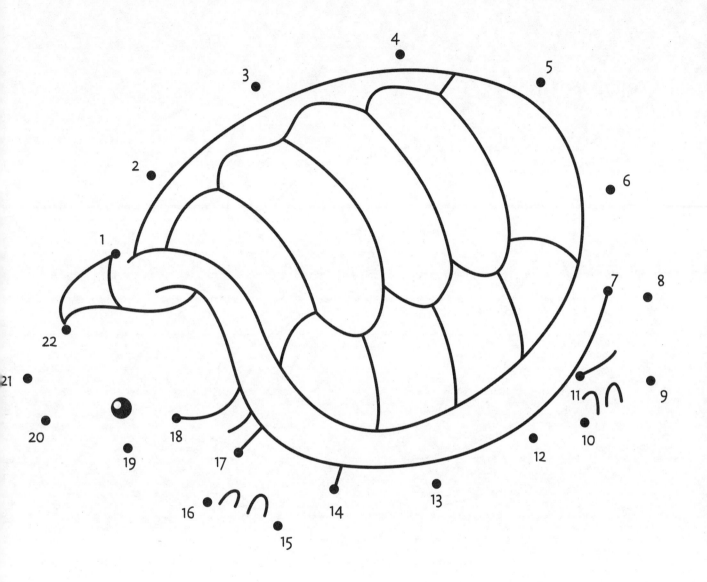

Tortoise

Sundae

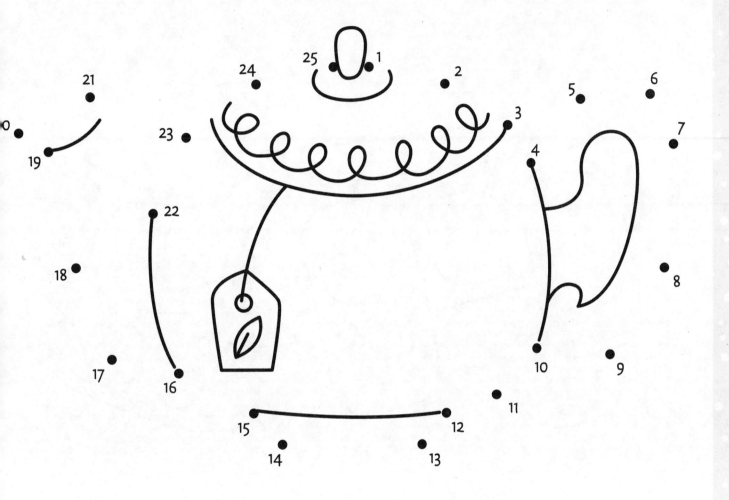

25   1
24   2
21   23   3
0   5   6
19   4   7
18   22   8
17   16   10   9
15   12   11
14   13

Kettle

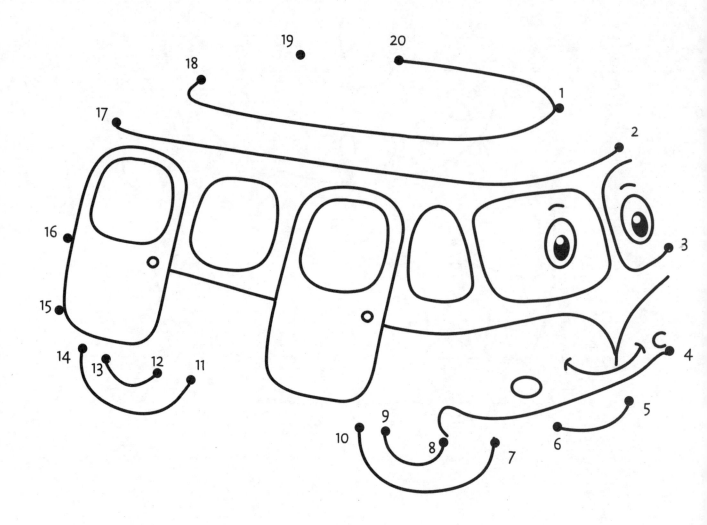

Van

Teddy Bear

Giraffe

Puppy

Cobra

Horse

Cat

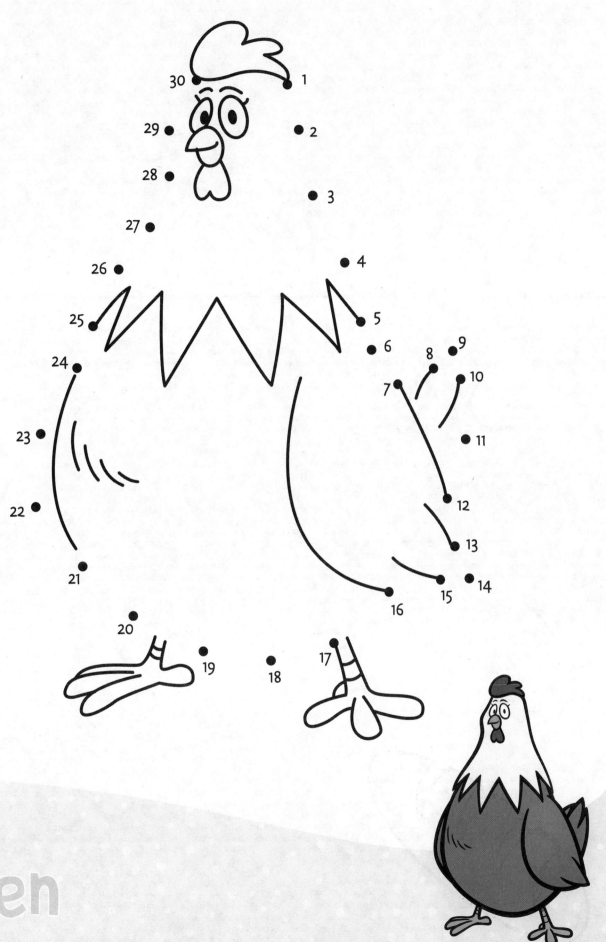

Hen

Bread

Rabbit

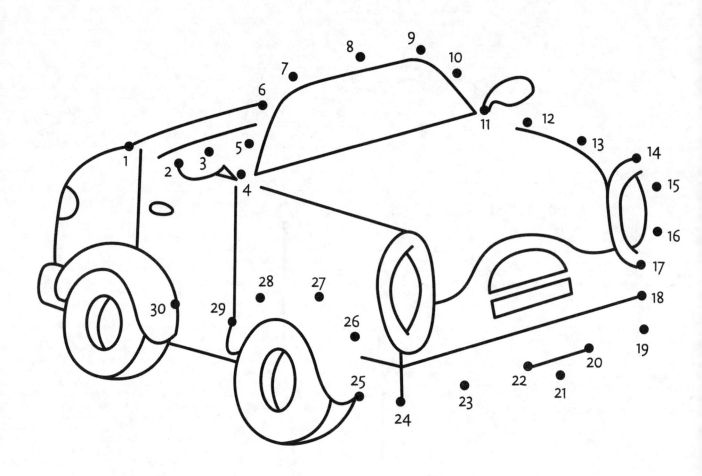

Car

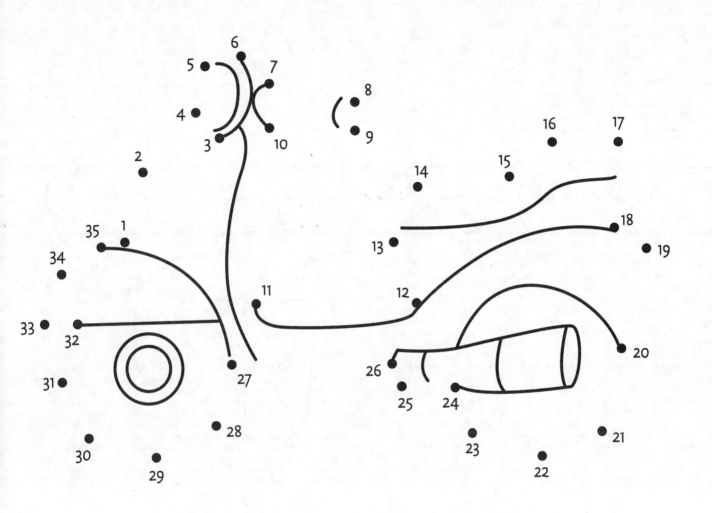

Scooter

Bear Cub

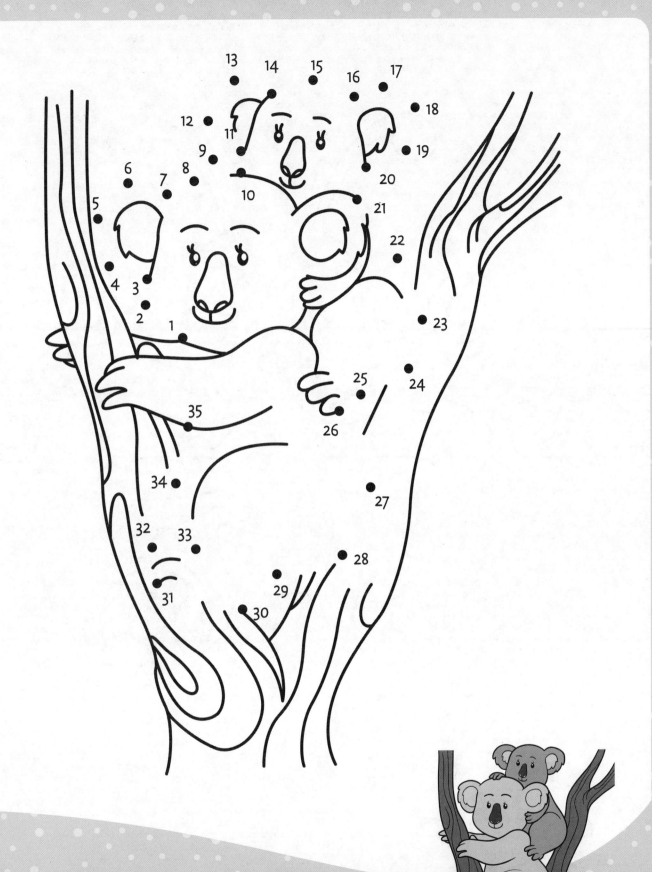

KoaLa

Butterfly

Penguin

34 •   35 •   • 1

• 2

33 •
32 •
30 31 •
28 29 •

• 3
• 4
• 5

27 •
24 •
26 •
25 •

• 6
7 • 8 • 9
• 10

23 •

• 11
• 12

22 •

• 13
• 14

21 •

20 •

• 15

• 16

19 •

18 •

17 •

Cake

35 1
34 2
32 33 3 4
31 5
30 6
29 7
28 8
27 9
26 25 11 10
24 12
23 13
22 21 20 16 15 14
19 18 17

Christmas Tree

Crow

Hedgehog

Ship

Star

Cassowary

Rooster

Bear

Elephant

Kitten

Mouse

Panda

Rhinoceros

Honey

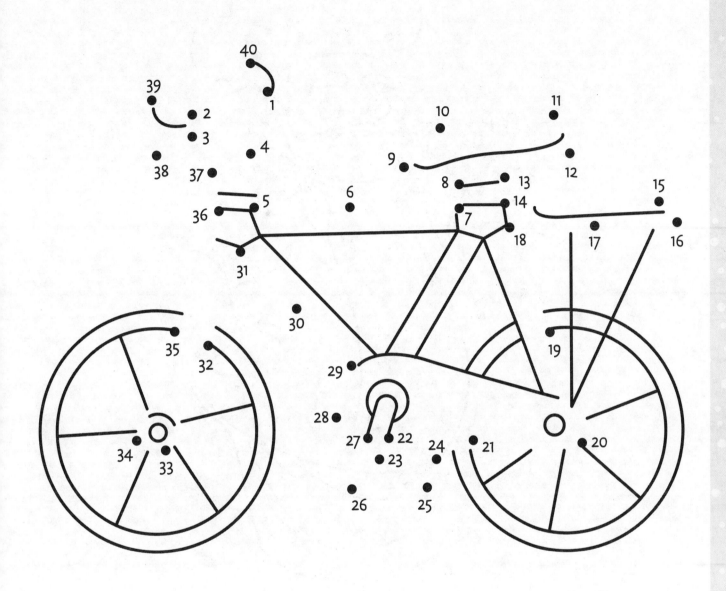

Bicycle

Chef

Fairy

Roar

Turkey

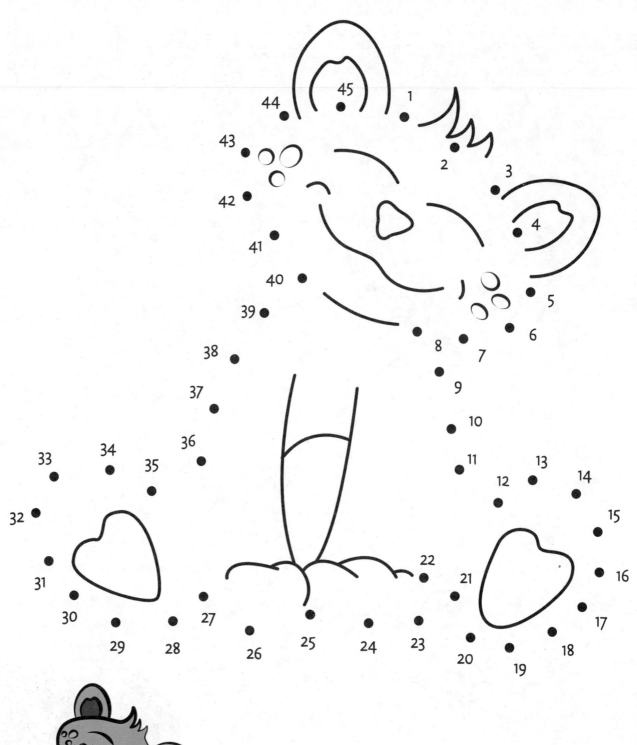

Cub

Girl

Dog

Fox

Frog

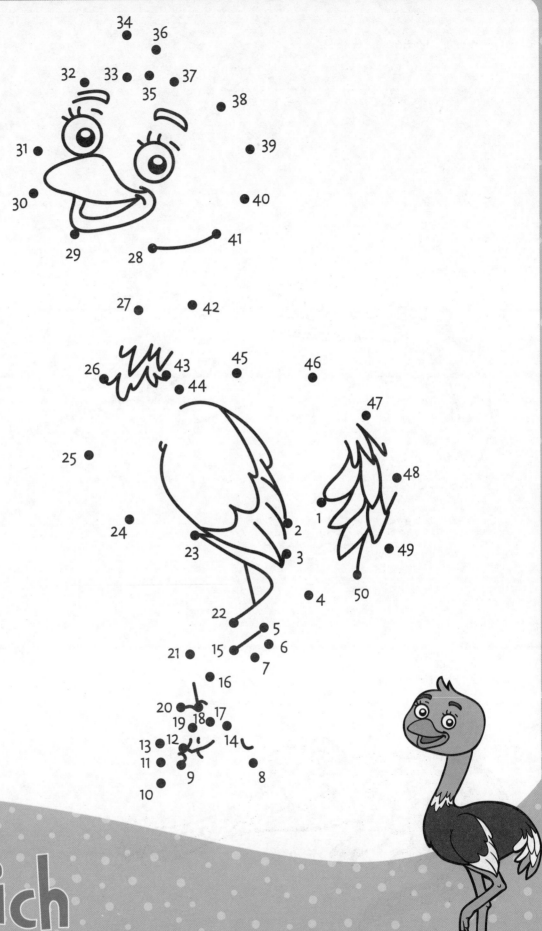

Ostrich

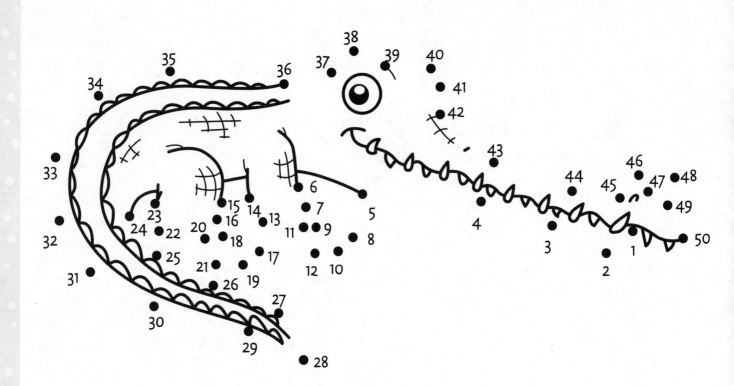

Crocodile

Bat

Dinosaur

Bunny

Accordion

Drum

Waiter

Christmas Carol

Reading

Monkey

Pet

Music

Princess

Maid

Gymnast

Shark

Fishing

ALLigator

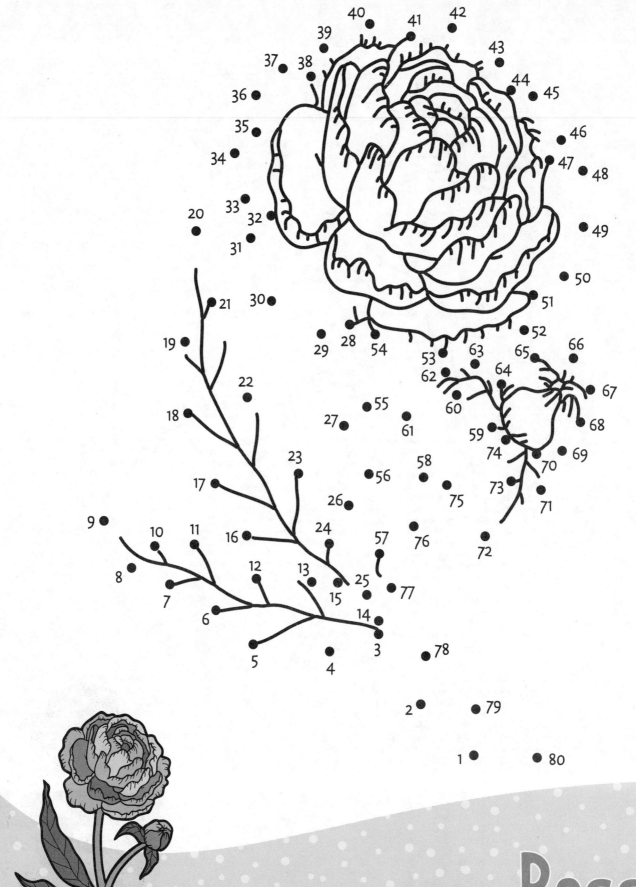

Rose

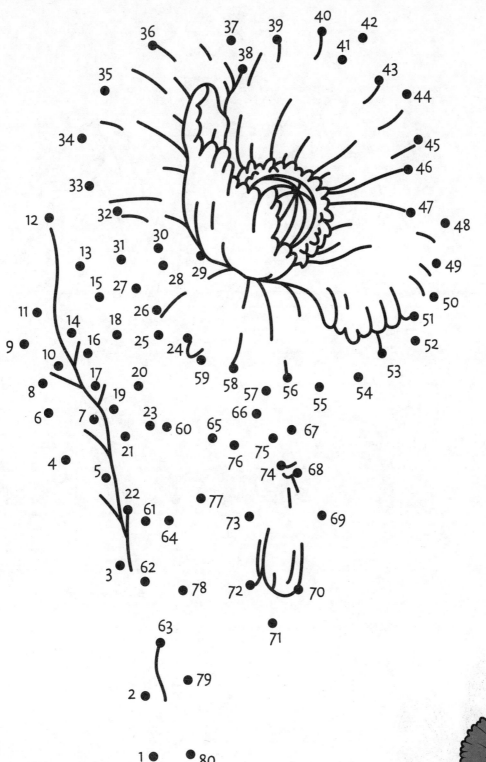

Poppy

Queen

Sea Horse

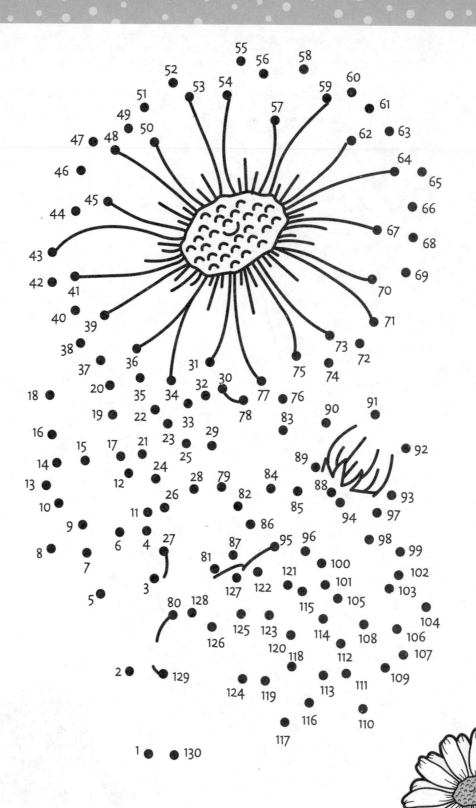

Chamomile